1

„Wenn der Mensch wirklich Mensch wird, wird er Gott, Buddha"

Taisen Deshimaru

Robert Einsle

Depression,

Meditation

und die
Freude ein Motorrad zu fahren

Bibliografische Information der Deutschen
Nationalbibliothek:
Die Deutsche Nationalbibliothek verzeichnet diese
Publikation in der Deutschen Nationalbibliografie,
detaillierte bibliografische Daten sind im Internet über
http://dnb.dnb.de abrufbar.

Herstellung und Verlag:
BoD – Books on Demand, Norderstedt

ISBN: 978-3-7528-3523-6

Inhalt:

Vorwort

die Arbeit

der Unfall

die Depression

Meditation

die Freude ein Motorrad zu fahren

Aussichten und Spiritualität

Dank

Vorwort

Diese Seiten schreibe ich in erster Linie, um meine Erfahrungen für mich aufzuarbeiten und um mit eventuell wieder auftretenden Rückfällen in meine Krankheit – der Depression – besser umgehen zu können und auch diese leichter überwinden zu können. Ich habe zur Zeit überwiegend wieder einen sehr positiven Zustand erreicht, den ich eben auch nutzen möchte, um mir Hilfen zu schaffen, die während einer depressiven Fase mir die Möglichkeiten geben, der Negativspirale - die jedem Betroffenen nur allzu gut bekannt ist – aktiv entgegen zu wirken. Diese Erfahrungen möchte ich auch gerne niederschreiben, um anderen aus Sicht des Erkrankten Hilfen zu geben. Mir ist auch klar, dass meine „Hilfsmittel" nicht bei anderen unbedingt die gleiche Wirkung haben, aber sie können auf jeden Fall Anregungen sein, um leichter aus diesem lebensbedrohenden Gemütszustand zu kommen.

Und ich will vor allem mit meinen Erfahrungen zeigen, dass die Depression durch eigene Aktivität überwunden werden kann. Diesen Satz haben Betroffene wohl schon oft gehört und im Zustand der tiefen Depression scheint dieser jedem wohl nur für andere, aber nicht für sich selbst vorstellbar. Auch ich habe diese oder ähnliche Aussagen von allen Therapeuten gehört und mir immer gedacht –

„Ich kann das doch nicht! – Die anderen sind doch alle viel stärker als ich!" Dies wurde von einem ein Minderwertigkeitsgefühl begleitet, das gar keine andere Sichtweise zuließ.

Neben dem Minderwertigkeitsgefühl ist auch die Vorstellung doch mit der Situation selber klar kommen zu müssen, der größte Hemmschuh sich helfen zu lassen. Mittlerweile ist die Akzeptanz durch die Vielzahl Betroffener gestiegen, aber gerade beim Begriff Burnout schwingt doch immer ein leises Gefühl – auch bei sich selbst – mit, dass man sich doch nicht so anstellen soll. Nur die Einsicht, dass es sich hierbei um eine Krankheit handelt, die auch tödlich sein kann, hilft einem sich zu öffnen und sich helfen zu lassen.

Zu meiner Person – ich bin 59 Jahre alt, seit 33 Jahren verheiratet, habe einen Sohn mit 27 Jahren und lebe in einem relativ kleinen Ort mit ca.10.000 Einwohner in Oberbayern. Mein Sohn lebt seit drei Jahren in Rheinland-Pfalz, sodass ich Ihn nur vielleicht einmal im Monat persönlich treffen kann. Mit meiner Frau Manuela lebe ich in einem kleinen Haus mit Garten, in dem schon meine Eltern und Großeltern wohnten bzw. meine Mutter lebt noch hier, und welches meine Großeltern ursprünglich gebaut haben. Es wurde schon des Öfteren von meinen Eltern und mir renoviert und vergrößert. Manuela und ich fühlen uns hier ganz wohl.

Ich habe hier auch schon meine Kindheit verbracht, sodass mir dieses Umfeld - inclusive Nachbarschaft – ganz schön ans Herz gewachsen ist. Da ich hier mit Eltern und Großeltern aufwuchs, war es mir später auch wichtig, meine Eltern im Alter nicht alleine im Haus zu lassen, was für die Beziehung mit Manuela nicht immer ganz einfach war und ist. Obwohl ich ein Einzelkind bin, war ich in meiner Kindheit nie allein, da damals in der Nachbarschaft viele gleichaltrige Kinder lebten und auch meine Cousins und Cousinen in der Nähe zu Hause waren.

Meine Kindheit war schön, aber auch sehr behütet – wie ich später feststellte, als ich im Studium in München ganz auf mich gestellt war. Gerade das Alleinsein in meinem neuen „Zuhause" war für mich ganz neu und schwer auszuhalten. Ich brauchte einige Zeit, bis ich mich daran gewöhnen konnte. In dieser Zeit begann ich auch, mir vermehrt Gedanken über das Leben zu machen.

Jetzt bin ich frühverrentet, was ich lange Jahre nicht wollte. Aber mittlerweile kann ich die gewonnene Freiheit größtenteils sehr genießen und eine Rückkehr ins Berufsleben ist keine Option mehr.

Die Arbeit

Beruflich war ich seit dem Maschinenbaustudium als Produktentwickler tätig. Meine letzte Arbeitsstelle hatte ich 27 Jahre lang bei einer Firma mit ca. 400 Mitarbeitern in verschiedenen Produktbereichen inne. Daher verfügte ich auf Grund meiner langen Erfahrung auch über ein Wissen, dass ich gut in die Entwicklung einbringen konnte. Ich fühle auch, dass gerade die Entwicklung der „einfachen" Produkte mir gut lag, da hier sowohl Wissen als auch gesunder Menschenverstand einfließen können. Auch die Arbeit in solcher Betriebsgröße mit einem kleinen Team ist sehr abwechslungsreich. Daher kann ich sagen, dass diese Arbeit zu mir passte. Wir hatten in unserer Abteilung auch ein gutes zwischenmenschliches Klima, was mir immer sehr wichtig war.

In meinem Berufsleben erlebte ich auch schon immer Höhen und Tiefen – aber insgesamt gefiel mir die Arbeit schon gut.

Vor ca. 10 Jahren wurde die Firma an Finanzinvestoren verkauft und es begann ein Prozess von Restrukturierungsmaßnahmen und Firmenzukäufen. Der deutsche Produktionsstandort unterlag einem zunehmenden Konkurrenzwettbewerb und es drohte die Verlagerung der Fertigung nach Ungarn. Zunehmend rückte die

Entwicklungsarbeit für mich in den Hintergrund und ich legte meine Energie hauptsächlich in die Erhaltung unserer Produktionsstätte. Dies war aber im Nachhinein gesehen ein Kampf gegen Windmühlen, da die Verlagerung schon beschlossene Sache der Investoren war.

Schließlich wurde die Produktion nach Ungarn verlagert. Die meisten Leute der Fertigung kamen in eine Auffanggesellschaft, die Ihnen bei der Arbeitssuche oder Fortbildung für den Zeitraum von einem Jahr behilflich sein sollte – der übliche Ablauf eben.

Ich hatte in dem Sinn Glück, als dass die Produktentwicklung weiter gefragt war. Mein Kollege und ich wurden dem Produktmanagement im deutschen Hauptwerk unterstellt – ich war damals auch schon 52 Jahre alt und eine Neuanstellung woanders hätte sich als äußerst schwierig dargestellt.

Die internationale Entwicklungsarbeit mit Produktion in Ungarn und Frankreich stellte sich zunehmend sehr problembehaftet dar und das Reporting nahm einen immer größeren Arbeitsraum ein. Jeder in unserer Abteilung wurde mehr und mehr zum Einzelkämpfer in seinen Projekten. Die von mir so geschätzte Teamarbeit ging immer mehr verloren. Zudem bekamen wir von unserem Vorgesetzten keine Unterstützung, sondern er gab nur die ihm gestellten Vorgaben ungefiltert weiter. In der Entwicklungsarbeit selbst konnte er uns sowieso

nicht behilflich sein, da er von der
Marketingseite ins Produktmanagement kam
und keine Konstruktions- und
Fertigungskenntnisse hatte.

Anfang 2012 spitzte sich für mich die Lage zu.
Ich konnte zunehmend nicht mehr klar denken,
fühlte mich zuerst in der Arbeit, aber auch
Zuhause ständig überfordert. Ich fühlte mich als
Versager. Schon kleine Problemstellungen
brachten mich durcheinander. Ich litt
zunehmend an Schlaflosigkeit und
Antriebslosigkeit, Erste Angstzustände stellten
sich ein. Selbst mein geliebtes Motorradfahren
machte mir keinen Spaß mehr. Ja es wurde zum
Teil sogar gefährlich, da ich sehr oft in
Gedanken bei der Arbeit war. Ich hatte auch
einen Unfall, bei dem ich ein Auto übersah.
Zum Glück ging dieser relativ glimpflich nur mit
Blechschaden aus.
Ich musste die Notbremse ziehen!
Die Unterstützung von meiner Frau Manuela
war dabei ganz wichtig.
Noch heute kann ich die Situation nachfühlen,
als ich zu meinem Vorgesetzten ging und ihm
meinen Zustand zu erklären versuchte. Es ist ein
sehr schwerer Gang sich einer Person, die auch
noch mitverantwortlich war, so zu öffnen.
Positiv war, dass ich von meinen Kollegen
immer unterstützt und auch verstanden wurde –
auch sie hatten ja mit der Situation zu kämpfen.

Ich ging zu meinem Hausarzt, der mich dann sofort für die nächsten Wochen krankschrieb. Die ersten Tage war ich wie erlöst, doch dann begann eine Zeit des Grübelns, wie es weitergehen sollte. Ich besuchte auch einen Neurologen um etwaige physische Ursachen auszuschließen, was nach seiner Diagnose nicht der Fall war. Einen Einsatz von Antidepressiva lehnte ich damals noch ab – nahm aber Johanniskrautkapseln zur Stimmungsaufhellung. Nach einiger Zeit bekam ich dann auch einen Termin bei einer Psychotherapeutin, die ich aber nur für 2 Sitzungen in Anspruch nahm. Für eine längerfristige Behandlung hätte ich 2-3 Monate warten müssen.

Nach ca. 4 Wochen hatte ich eine Nacht, in der ich nur positive Dinge träumte – es erschien mir wie ein Zeichen, dass jetzt wieder alles gut werden sollte. 2 Wochen später nahm ich die Arbeit mit verringerter Arbeitszeit – 30 Stunden pro Woche - wieder auf. Ich versuchte meine Arbeit auch neu zu strukturieren, aber im Großen und Ganzen blieben die Anforderungen wie gehabt und auch die anfänglich reduzierten Forderungen meines Vorgesetzten nahmen wieder zu. Ich sah dann keine Lösung in einer erneuten Arbeitsniederlegung, sondern nahm dann in Absprache mit dem Neurologen, der auch auf psychotherapeutischem Gebiet Behandlung anbietet, ein Antidepressivum. Zusammen mit der anstehenden Urlaubszeit besserte sich mein Zustand.

Auch wurde mir zusammen mit einem ungarischen Kollegen vom Produktionsstandort die Projektsteuerung übertragen. Mit diesem Kollegen hatte ich ein sehr gutes Verhältnis und wir konnten auch eine weitaus realistischere Projektdurchführung machen. Es stellten sich erste Erfolge auch in der Kooperation mit den ungarischen Kollegen ein. Trotzdem war die Anzahl der zu bewältigenden Projekte immer noch zu hoch.

Der Unfall

Im Frühjahr 2013 – ich war mit einigen
Arbeitskollegen auf Dienstreise in Ungarn ereilte
mich dann ein schwerer Schicksalsschlag. Auf
dem Rückweg zum Flughafen steuerte ich
unseren Mietwagen und fuhr in die Abgrenzung
einer Baustelle. Es war zwar kein allzu schwerer
Aufprall, aber währenddessen ich und zwei
weitere Arbeitskollegen nur ganz leicht verletzt
wurden, traf meinen Kollegen und guten Freund
ein Akku der Absperrleuchte so unglücklich am
Kopf, dass er lebensgefährlich verletzt wurde
und schwerbehindert ist.
Wie ich später zusammen mit meiner
Therapeutin feststellen musste hinterließ dieses
Ereignis bei mir eine sogenannte
posttraumatische Belastungsstörung. Ein Teil
der Behandlung dieser Störung ist auch die
Verfassung eines Trauma-Berichtes, der dazu
dient die Situation möglichst oft und genau zu
durchleben und so das Gehirn dieses Erlebnis
sozusagen in das normale Gedächtnis verschiebt
und damit emotional beherrschbarer wird. Um
diese Situation festzuhalten und auch immer zu

vergegenwärtigen führe ich diesen Trauma-
Bericht an dieser Stelle an:

*15. Mai 2013 - Wir sind nun seit 2 Tagen bei unserem
Zweitwerk in Ungarn. Wir – das sind mein langjähriger
Arbeitskollege und Freund Fritz und zwei weitere gute
Kollegen – die Liane und der Alex – beide auch in der
Konstruktionsabteilung tätig. Wir hatten die letzten
Tage recht produktive Gespräche mit den ungarischen
Kollegen und heute brechen wir nach dem Mittagessen zu
unserem Heimflug um 17 Uhr ab Budapest auf. Da wir
noch genügend Zeit haben – die Fahrt nach Budapest
dauert eine knappe Stunde - wollen wir uns noch etwas
in Budapest umschauen.
Ich habe für uns vier über die Firma einen Mietwagen
besorgt gehabt und setze mich ans Steuer. Der Fritz
nimmt neben mir Platz, Liane und Alex machen es sich
hinten bequem. Da eben die letzten Tage recht positiv
waren und wir auch gestern noch einen netten Abend
hatten, sind wir alle gut gelaunt. Das Wetter ist prächtig
und die Fahrt beginnt ganz gemütlich. Es folgt die erste
Zeit eine angeregte Unterhaltung und auch noch einige
Späße. Mit der Zeit wird die Unterhaltung ruhiger –
Liane widmet sich ihrem Handy – der Fritz schläft
neben mir ein und auch der Alex schließt sich ihm an.
Ich fahre gemütlich dahin, die Sonne scheint mir entgegen
und ich lasse die letzten Tage Revue passieren – war
eigentlich ein ganz gelungener und positiver Besuch, von
dem ich mir auch in Zukunft eine bessere
Zusammenarbeit mit den ungarischen Kollegen erhoffe.*

Mit der Zeit verspüre ich auch eine gewisse Trägheit – dieses Fahren auf der Autobahn mit 120 -130 km/h wird recht eintönig. Aber es sind jetzt vielleicht nur noch maximal 30 km bis nach Budapest – das wird ja gleich vorbei sein. Ab und zu kommen auch Baustellen, die wir mit ca. 80km/h passieren. Im Auto ist es jetzt recht ruhig und meine Gedanken verlieren sich auch in allen möglichen Dingen.

Plötzlich kracht es – ich schrecke schlagartig auf, realisiere, dass ich irgendwo dagegen gefahren bin und schreie nur „Scheiße !“. Ich sehe und spüre im ersten Moment die Scherben der zersplitterten Windschutzscheibe im Gesicht. Da ich auch sofort voll gebremst habe, schaue ich mich nach etwaigen anderen Autos um und kann das Auto auch gleich von links auf die rechte Fahrbahnseite lenken und anhalten. Ich war in mehrere Blinkzeichen einer Baustelle und die Seitenabsperrung gefahren. Zuerst denke ich nur daran all diesen Schlamassel im Ausland erledigen zu müssen. Auf den Gedanken einer schweren Verletzung komme ich wohl nicht, da der Aufprall nicht so stark war und ich auch keine gröberen Verletzungen spüre. Als ich dann aber meinen Blick auf die Beifahrerseite wende, sehe ich Fritz bewusstlos auf der Seite liegen und stoßweise atmen. Seine Augen sind halb offen und schauen ins Leere, gleichzeitig sieht ihn auch Liane hinter ihm und stößt einen lauten Schrei aus – ich spüre erste Angst und Entsetzen. Ich springe am rechten Straßenrand gleich aus dem Auto und ziehe den Fritz mit Hilfe von Alex aus dem Auto. Mir ist nur noch die stabile Seitenlage aus dem ersten Hilfe Kurs gegenwärtig und ich versuche ihn möglichst sanft auf die Erde zu legen. Irgendjemand bringt etwas zum Unterlegen. Ich halte den Kopf in meiner linken Hand und knie neben Fritz. Alex sichert die Unfallstelle und auch einige Ungarn sind schon dazu gekommen – die auch gleich versuchen Hilfe zu organisieren.

Ich rede beruhigend auf Fritz ein und versuche kleine Splitter aus seinem Gesicht zu entfernen. Fritz bewegt auch seine Zunge immer wieder aus dem Mund heraus und ich helfe Ihm seinen Kaugummi herauszubringen. Etwas Blut läuft aus seiner Kopf-verletzung, die Stirn oberhalb des linken Auges ist etwas eingedrückt – ich weiß nicht, ob dies eine schwere Verletzung ist, hoffe aber das Gegenteil. Die Situation wird etwas ruhiger, dann trifft zuerst die Polizei ein. Die lassen mich aber so, wie ich den Fritz halte und befragen vorerst nur die Liane und den Alex. Die Zeit wird lang - dann aber trifft endlich ein Krankenwagen ein. Der Sanitäter sagt auch, dass ich den Fritz weiter so halten und immer mit ihm reden soll. Scheinbar ist die Verletzung doch schwerer – sie wollen einen Hubschrauber ordern, der Fritz gleich in ein geeignetes Krankenhaus bringen kann. Es dauert noch ziemlich lange, dann hören wir endlich den Hubschrauber.

Der Notarzt des Hubschraubers kommt und schaut sich den Fritz an – seine ersten Aussagen sind – eine sehr üble Kopfverletzung. Er sagt mir dann auch, dass er nicht weiß, ob Fritz überleben wird. Das kapiere ich aber nicht richtig - für mich muss der Fritz wieder gesund werden. Ich lege zusammen mit ein paar Sanitätern

Fritz auf eine Trage und er wird sofort zum Hubschrauber gebracht und abtransportiert.

Dann verhört mich die Polizei und ich muss auch einen Alkoholtest machen. Nach einigem hin und her soll ich dann gleich eine genaue Unfallbeschreibung schriftlich verfassen. Dies mache ich aber nicht, da ich noch zu verwirrt bin. Ich unterschreibe nur, dass es keine Fremdeinwirkung gab und ich schuld am Unfall bin. Die Polizei ist damit vorerst zufrieden und wir drei fahren mit dem Krankenwagen zu dem Krankenhaus, in das Fritz geflogen wurde.

Der erste Eindruck des Krankenhauses erinnert mich an Verhältnisse in Indien, wo ich vor längerer Zeit mal unterwegs gewesen war. Für Liane und Alex, die so etwas noch nie gesehen hatten, ist das ziemlich erschreckend. Zu mir dringen diese äußeren Umstände aber gar nicht richtig durch – ich bin angespannt, aber eigentlich recht ruhig.

Wir drei werden zuerst auch ambulant untersucht und gut versorgt – jeder von uns hat nur kleine Schnittwunden und Prellungen.

Danach versuchen wir uns auf die Situation einzustellen und beschließen, dass Alex gleich noch nach Hause fliegen soll – er wird den Flieger noch erreichen – und Liane wird bei mir bleiben. Für mich war sowieso gleich klar, dass ich hier bleibe bis der Fritz auch wieder nachhause kann.

Es vergeht nun einige Zeit, wir bekommen nur die Info, dass Fritz gerade genau untersucht wird – es kann hier sogar ein CT gemacht werden.

Mittlerweile dämmert es und mir fällt ein zuhause anzurufen. Zuerst rufe ich Nicol, die Frau vom Fritz an. Noch heute kann ich die Anspannung nachempfinden. Nicol ist natürlich schwer geschockt, aber Sie sagt dann sofort, dass Sie so schnell wie möglich nach Ungarn kommen wird. Danach rufe ich Manuela an und sage ihr, dass ich einen Unfall hatte und Fritz schwer verletzt im Krankenhaus liegt – ich kann das alles nur unter Tränen sagen. Ich bitte Sie auch sich mit Nicol in Verbindung zu setzen.

Etwas später kommt dann ein Dolmetscher zu uns, der von der Polizei geschickt wurde – Liane und ich müssen noch eine offizielle Zeugenaussage machen. Ich schildere Ihm den Unfallhergang und er sagt uns seine Hilfe zu – auch was Polizei und etwaige andere Formalitäten betreffen würde.

Wir können dann nichts anderes tun als warten. Später ruft mich Manuela an – sie und Nicol mit dem ältesten Sohn Florian würden noch heute nach Budapest kommen. Ich bin darüber ganz froh. Ich gebe Ihr die genaue Adresse des Krankenhauses.

Am Abend holt uns dann die Polizei zur Zeugenaussage. Wir fahren zusammen mit dem Dolmetscher dann zu der zuständigen Polizeistelle, die etwa 30 km außerhalb Budapests liegt – der Polizeifahrer überholt dabei einige Male recht kriminell, was mir in meiner Verfassung vollkommen absurd vorkam – als säße ich in einem schlechten Film. Dort werden wir recht freundlich empfangen, der Polizeichef ist zur Überraschung eine Frau. Zuerst macht die Liane

Ihre Aussage, dann ich. Der Dolmetscher und die Polizeichefin sind dabei recht hilfsbereit.

Wieder im Krankenhaus zurück hat sich nichts Neues ergeben – wir können nur warten. Manuela teilt mir dann noch Ihre voraussichtliche Ankunftszeit gegen 23 Uhr mit und ich organisiere ein Hotel in der Nähe und reserviere drei Zimmer – für Nicol und Sohn, Liane, Manuela und mich.

Wir halten uns weiter im Krankenhausgang auf, wo immer noch zahlreiche Patienten auf Behandlung warten. Wir erfahren dann, dass Fritz gerade operiert wird. Der Dolmetscher sagt uns auch, dass dies hier eine Spezialklinik für Gehirnverletzungen ist.

Erst gegen Mitternacht kommt Manuela, Nicol und Sohn Florian am Krankenhaus an. In der Nacht wirkt dieses Krankenhaus, das eine stillgelegte Fabrik war, noch unwirklicher.

Die Begrüßung ist recht emotional – Tränen, Drücken – gutes Gefühl, die Anspannung löst sich bei mir etwas..

Etwas später erfahren wir dann, dass die Operation zu Ende ist und der Arzt, der den Fritz operiert hat, mit uns reden wird. Nach einiger Zeit werden wir – Nicol und ich, mit Dolmetscher dann zu Ihm bestellt. Der Dolmetscher sagt mir noch, dass ich dem Doktor doch etwas spenden soll, was mich sehr verwirrte.

Der Arzt erklärt uns an Hand der Röntgenbilder die schwere Operation, bei der der ganze Schädel geöffnet und auch ein Teil der zu schwer verletzten Hirnrinde entfernt werden musste. Auch die Knochen im Bereich des linken Auges sind alle zersplittert. Fritz liegt jetzt im künstlichen Koma und wird die nächste Zeit hier verbringen müssen. Jetzt wird mir zum ersten Mal die schwere Verletzung richtig bewusst. Das angebotene Geld weist der Arzt sehr entschieden zurück und ich entschuldige mich dafür. Auf mich macht er einen sehr menschlichen Eindruck – seine Erklärungen scheinen sehr kompetent und er vermittelt sie uns auf eine sehr ruhige Art, lässt aber keinen Zweifel an der Schwere der Kopfverletzung. Nicol und ich kehren dann zu den anderen zurück und versuchen das alles in Worte zu fassen. Mein Kopf fühlt sich dumpf und hohl an. Da wir nichts weiter tun können, fahren wir alle zum Hotel und essen noch eine Kleinigkeit.

Die Nacht ist für alle ziemlich kurz, aber ich habe doch einigermaßen geschlafen. Wir treffen uns alle zum Frühstück und fahren dann zum Krankenhaus. Fritz liegt jetzt auf der Intensivstation. Ich und Nicol werden als erstes zu ihm gehen. Nach einigem Warten können wir eintreten. Fritz schaut echt schrecklich aus. Er liegt mit verbundenen Kopf und mit vielen Schläuchen an diverse Geräte angeschlossen im ersten Bett. Die Augen sind offen und mit Gläsern abgedeckt, die mit Flüssigkeit gefüllt sind, um das Austrocknen zu verhindern. Im künstlichen Koma wird er auch künstlich beatmet. Wir nehmen seine Hände in unsere und sprechen mit ihm – mich erinnert dies daran, wie mein Vater nach seinem Herzinfarkt in der Intensivstation in Murnau gelegen hat.

Die Schwestern und Stationsärzte sagen, dass sein Kreislauf schon sehr stabil ist. Fritz hat ja in den letzten Jahren sehr viel Sport gemacht, so dass er in guter körperlicher Verfassung ist

Nach ca. einer Stunde verlassen wir Fritz und berichten den anderen. Wir können ihn jeden Tag Vor- und Nachmittag besuchen. Manuela und Florian gehen am nächsten Tag mit – Liane fliegt nach Hause.

Ich gewinne von Tag zu Tag mehr Hoffnung, da Fritz immer stabiler wird und wirkt, nur seine Augen machen mir Sorgen, aber wir machen uns natürlich auch gegenseitig Hoffnung.

Nach ein paar Tagen fliegen Manuela und Florian nach Hause zurück. Ich bleibe mit Nicol solange in Budapest, bis der Fritz nach Deutschland kann.

Nach ca. 5 Tagen beginnen die Ärzte das künstliche Koma langsam zu beenden. Fritz zeigt auch bald erste Reaktionen und gibt auch Töne und Worte von sich. Nicol spielt ihm seine Lieblingsmusik vor und er singt leise mit! – wir beide waren echt begeistert!

So verbringen wir die zweite Woche mit den täglichen Besuchen in der Klinik und lernen uns auch gegenseitig immer besser kennen und sind recht offen zueinander. Ich spreche auch die zukünftig möglichen Vorwürfe an mich an, und dass wir nicht wissen, was sich in Zukunft ereignen wird.

Nach eineinhalb Wochen ist Fritz endlich transportfähig. Wir möchten natürlich möglichst schnell nach Deutschland, da die hygienischen Verhältnisse miserabel sind und bei uns auch die medizinische Nachversorgung weitaus besser ist. Nicol regelt telefonisch mit der Berufsgenossenschaft den Transport nach Murnau. Aber es dauert noch einige Tage bis der Rücktransport endlich stattfindet. Der Zustand vom Fritz wird auch eher schlechter und wie sich dann in

*Murnau herausstellt bekommt er eine
Lungenentzündung, was aber relativ normal sein soll.
In Murnau wird er nochmal gründlich untersucht – die
Operation in Ungarn wurde gut durchgeführt und hat
dem Fritz das Leben gerettet. Weitere Aussagen gibt es
vorerst nicht. Nach einer Woche – ich bin wieder in der
Arbeit – ruft mich Nicol dort an – ganz mit den
Nerven am Ende. Wir treffen uns auf dem Parkplatz
und sie erzählt mir den Tränen nahe, dass die Prognosen
für Fritz ganz schlecht sind – sehr stark behindert und
fast blind. Da hätte er doch lieber gleich sterben sollen!
Ich halte sie im Arm und weiß nicht was ich sagen soll,
mir zieht es den Unterleib zusammen. Mit der Zeit
finde ich aber auch tröstende Worte und dass die Ärzte
sowieso nur die schlimmsten Dinge prognostizieren.
Ich besuche Fritz in Murnau dann so oft es geht und
sein Zustand wird langsam auch immer besser- der alte
wird er aber nicht mehr sein können!*

Nach dem Unfall und der Zeit in Ungarn nahm
ich meine Arbeit sofort wieder auf und trotz
dieser schrecklichen Erlebnisse kam ich in der
Projektarbeit ziemlich gut klar. Im Nachhinein
gesehen stürzte ich mich wahrscheinlich
vermehrt in die Arbeit, um weniger Zeit zu
haben, sich mit den Geschehnissen und deren
Folgen beschäftigen zu müssen.
Nach 2 Monaten ging es mir dann schlechter.
Ich erinnerte mich an den Burnout vor
eineinhalb Jahren, da ich mich auch in der
Arbeit wieder überfordert fühlte. Aufkommende

Schuldgefühle und Existenzängste führten
soweit, dass ich dann den Rest des Jahres krank
war.

In dieser Zeit besuchte ich den Fritz ganz oft.
Er machte erstaunliche Fortschritte.
Er konnte sich mit uns immer besser
unterhalten, machte mit mir Taiji und begann
auch wieder Gitarre zu spielen.

So vergehen einige Wochen – Fritz machte
weiter Fortschritte. Auch die Ärzte waren sehr
erstaunt. Nach ihren Einschätzungen bezüglich
der Hirnschädigungen waren diese Fortschritte
nicht vorhersehbar. Mir gab das wieder
Hoffnung.

Nur seine Augen wurden nicht richtig besser.
Speziell das linke war so schwer verletzt, dass
die Ärzte zu einer zweiten Operation rieten. Für
Nicol war das eine sehr schwere Entscheidung,
die Sie für Fritz treffen musste. Eine OP am
Gehirn ist immer ein sehr großes Risiko. Aber
Fritz konnte ja zumindest auf dem linken Auge
erblinden und so willigte Sie schließlich ein. Die
OP verlief dann auch gut. Für Fritz waren aber
die ersten Tage nach der OP sehr schwer. Die
gewonnenen Fortschritte waren vorerst wieder
dahin.

Fritz musste dann für einige Zeit auf die
Isolierstation, da die Gefahr von
Krankenhauskeimen im Raume stand.

Nach einiger Zeit begann er dann auch wieder
Gitarre zu spielen und wir nahmen unsere Taiji-

Übungen wieder auf. Er begann dann auch mit der offiziellen Rehabilitation in Form von Logopädie, Physiotherapie usw.

Mit der Zeit stellte sich dann eine gewisse Routine ein, ohne dass große Fortschritte zu sehen waren. Nicol fand dann eine auf Hirntrauma spezialisierte Nachsorgeklinik in Bad Tölz. Die Berufsgenossenschaft machte bezüglich der Finanzierung keine Schwierigkeiten.

Fritz bekam in der Klinik ein eigenes Zimmer und einen geregelten Tagesablauf mit eigenen Aufgaben und Tätigkeiten. Fritz gefiel es dort aber von Anfang an nicht besonders – er hatte sich in Murnau ganz gut eingelebt gehabt und vermisste die gewohnte Umgebung. Aber auf Dauer konnte er da ja nicht bleiben.

Die schlechte Stimmung bei Ihm wurde nicht besser. Auf mich machte er einen zunehmend abgestumpften Eindruck. Er nahm auch einmal Reißaus und wurde auch schwieriger.

Als Nicol dann herausfand, dass er in der Klinik zunehmend mit Medikamenten ruhig gestellt wurde, brachte Sie ihn sofort nach Hause. Sie nahm jetzt die Versorgung vom Fritz selbst in die Hand. In mühsamen Verhandlungen mit der BG setzte sie weitreichende Maßnahmen für Fritz durch. Einige Zeit später bekam Fritz auch eine geeignete Arbeit in einer Behindertenwerkstatt, der er noch heute nachgeht und die ihm ganz gut gefällt.

Der Alte kann er aber nicht mehr werden!

Die Depression

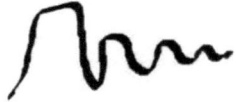

Wie schon gesagt, war ich den Rest des Jahres nicht mehr in der Arbeit. Trotzdem verschlechterte sich mein Zustand zunehmend. Es dauerte schon eine gewisse Zeit, bis ich mir die Depression als Krankheit eingestand. Dies ist auch so eine Tücke der Krankheit, da man immer wieder der Ansicht ist, es liegt ja nur an mir, warum ich nicht mehr klar komme. Ein Teufelskreis für das nicht mehr vorhandene Selbstbewusstsein.

Ich suchte nach einem Psychotherapeuten und fand glücklicherweise nach relativ kurzer Zeit in Dr. Reinhard einen sehr guten Vertreter seiner Branche, der auch gleichzeitig als Psychiater mir zur Einnahme des Antidepressivums Citalopram riet. Ich stimmte zu.

Leider muss ich an dieser Stelle sagen, dass man sowohl bei der Zeitspanne bis zur Behandlung, als auch bei der Qualität des Therapeuten eine Portion Glück braucht. Hier sollte man sich möglichst viele Informationen von Betroffenen holen.

Wir beantragten bald auch eine Reha-Maßnahme, die von der Krankenkasse auch bewilligt wurde und so besuchte ich für 5 Wochen am Jahresende 2013 die psychosomatische Rehaklinik in Isny-Neutrauchburg, von der ich schon sehr positive Beurteilungen in Erfahrung gebracht hatte.

Mir ging es davor schon langsam wieder besser. Die gemischten Gefühle bei Antritt der Reha wurden schon durch die Begrüßung vom Chefarzt beseitigt. Seine Ansprache vor allen Neuankömmlingen war sehr persönlich und einfühlsam. Jeder bekam später einen Psychologen zugeteilt, mit dem man seine Probleme und den Schwerpunkt der Behandlung besprechen konnte. Man konnte sich aus einem relativ großen Angebot seine sportlichen Aktivitäten aussuchen und wurde einer Gruppe zugeteilt, in der die psychischen Probleme des Einzelnen behandelt wurden. Daneben gab es auch noch diverse freiwillige Aktivitäten für die Behandlung der Depression. Hier möchte ich eine Musiktherapie besonders hervorheben.

Wir waren etwa 30 – 40 Personen, die sich in einem großen Raum mit mehreren Therapeuten versammelten. Jeder Einzelne stellte sich, seine Probleme und seine Erwartungen vor. Bei den Erwartungen hatte natürlich jeder Probleme, da ja gerade die Depression sich durch extreme Perspektiv- und Hoffnungslosigkeit auszeichnet.

Aber wir sollten zumindest eine Erwartung benennen und schlussendlich schaffte das auch jeder. Der Musiktherapeut erklärte uns dann den Ablauf der Therapie, die insgesamt ca. 4-5 Stunden dauern würde. Er hatte eine sehr sympathische Stimme und redete sehr ruhig. Auf einmal brüllte er dann los und jeder erschrak. Dies erzeugte plötzlich ein starkes Aufgewühlt sein, im Gegensatz zu der Dumpfheit in der Depression. Ich ahnte und fürchtete zugleich was da gefühlsmäßig noch auf uns zukommen würde. Doch dann ging es zuerst mal ruhig weiter, wir sollten auch nicht miteinander reden. Zu schöner Musik gingen wir einfach in dem Raum umher, der gerade so groß war, dass er durch unsere Anzahl fast ausgefüllt wurde. Wir sollten uns nicht ansehen, sondern zur Musik einfach umherkurven, ohne uns anzurempeln. Nach einer Weile blieben wir dann stehen und sollten unsere negativen Gedanken laut aussprechen oder auch einfach schreien. Dann gab es wieder Musik – diesmal etwas flotter. Diesmal rannten wir durcheinander und es klappte zum Erstaunen aller, ohne sich gegenseitig anzurempeln. Die negativen Gefühle sollten wir dann so laut es geht herausbrüllen. Da merkte ich schon, dass ich noch sehr gehemmt war. Dann wieder Musik aller Richtungen – langsam und schnell, Klassik und Rock. Dazu konnte jeder tanzen, wie er wollte. Diesmal dauerte der Musikteil ziemlich lang, sodass ich ganz schön ins Schwitzen kam. Aber mit der Zeit wurde man dann doch gelöster und es fing an, Spaß zu machen – dies hatte ich so schon lange nicht mehr erlebt. Ich fühlte mich wieder richtig lebendig!

Am Ende sollten wir - mussten aber nicht – eine beliebige Person aussuchen und uns innig umarmen. Jeder war verschwitzt und zuerst denkt man, das mag ich doch nicht oder mir ist das peinlich. Aber wenn man es tat, dann spürte man mit der Zeit den Körper des anderen – die Wärme, den Herzschlag, wie er atmete, die unterschiedliche Haut, seinen Geruch…..und ich glaubte auch die Gefühle des anderen wahrzunehmen. Es war ein so intensives Erlebnis, wie ich auch schon lange nicht mehr gehabt hatte. Der Schweiß war überhaupt nicht mehr unangenehm, sondern trug eher noch zu der Verbundenheit bei. Das ganze wiederholte sich einige Male und die Tänze wurden immer toller, expressiver und fantasievoller. Immer mehr Leute lachten sich gegenseitig an und tanzten frei miteinander. Nach der letzten Musikrunde mit sphärischer Musik legten wir uns dann alle auf den Boden und sollten unseren Gefühlen einfach freien Lauf lassen. Ich hörte mich atmen und die Lebendigkeit war richtig präsent. Gleichzeitig kehrte in mir auch Ruhe ein. Ich hörte andere aber auch leise weinen, ansonsten war es aber absolut still. Nach 10 Minuten erhoben wir uns dann und zogen uns um, möglichst noch ohne zu reden. Die erlebten Gefühle wirkten noch lange nach.

Durch diese Musiktherapie lernte ich neben meiner Therapiegruppe und Esstischnachbarn noch weitere Leute kennen, mit denen sich auch eine Verbundenheit entwickelte.

Überhaupt kann ich sagen, dass ich in dieser Reha sehr einfühlsame und offene Leute kennenlernt habe. Es kommt die Frage auf – warum sind nicht alle Menschen so?

In der Reha-Klinik ging spaßeshalber deshalb auch die Frage um, ob nicht die anderen draußen etwas falsch machen.

Ich denke, es ist einfach so, dass wir alle hier über unsere Krankheit verbunden sind und wir auch ähnliche Probleme mit dem Gesellschaftsverhalten haben. Es hat sich einfach eine scheinbar immer größere Wichtigkeit der Geltung nach außen vollzogen. Man darf keine Schwäche zeigen, die echten Gefühle bleiben auf der Strecke. Obwohl sich jeder, wenn er ehrlich zu sich selbst ist, danach sehnt, Gefühle auszutauschen und anderen sich anvertrauen zu können.

Ich kehrte jedenfalls mit sehr viel Optimismus an Weihnachten nach Hause zurück und hatte den Entschluss gefasst im Januar 2014 wieder ins Arbeitsleben zurückzukehren – mit dem

Vorsatz mich bewusst weniger stressen zu lassen.

Ich wurde in der Arbeit von meinen Kollegen in der Arbeit freudig empfangen und stimmte mit meinem Vorgesetzten auch ein reduziertes Aufgabengebiet ab. Dies klappte aber nur eine Zeitlang, da ich durch meine Erfahrung immer wieder in vielen Projekten gebraucht wurde. Auch mir machte es natürlich Freude, dass ich gebraucht wurde. Mein Selbstwertgefühl stieg wieder und so wurde mein Arbeitspensum bald wie gehabt.
Mit meinem behinderten Freund Fritz verbrachte ich fast jedes Wochenende beim Schwimmen.
Mitte 2014 erlebte ich mit Manuela einen schönen Urlaub in Kroatien. Als ich dann die Arbeit wieder aufnahm, stellten sich jedoch ohne Vorwarnung die ersten Anzeichen von Überforderung ein und bald fiel ich abermals in eine schwere Depression. Ich beendete meine Arbeit erneut. Durch den unerwarteten Rückschlag war mein Zustand noch schlechter als vorher, da ich nun gar keine Hoffnung mehr hatte. Mein Psychiater änderte die Medikation und ich war für fünf Wochen wieder im Krankenstand.

In dieser Zeit erfuhr ich auch von der Möglichkeit einer Hypnosetherapie, die die Frau

eines guten Freundes gegen ihre Angst beim
Autofahren gemacht hatte. Ich nahm damals alle
Möglichkeiten zur Verbesserung meiner Psyche
war und wollte eine solche Hypnosetherapie
ausprobieren.

Ich begann bei Frau Post mit der Therapie und
war gespannt, wie so eine Sitzung ablaufen
würde, da ich ja aus den Medien nur die
Hypnosevorführungen kannte, bei denen die
Menschen in Trance alle möglichen Dinge wie
ferngesteuert und ausgeliefert machen. Frau
Post erklärte mir gleich, dass die Behandlung
nichts mit dem zu tun haben werde, sondern der
Betroffene durch verschiedene Methoden sich
seinem eigenen Unterbewusstsein annähern soll.
Sie stellte dann auch in der ersten Sitzung gleich
fest, dass durch meine stark ausgeprägte
rationale Selbstkontrolle es für mich schwierig
werden könnte, Zugang zum Unterbewusstsein
zu finden. Das löste in mir natürlich auch gleich
ziemlich frustrierende Gedanken aus. Zur
meiner Beruhigung erfuhr ich aber dann, dass
bei den Menschen, die dies leichter können,
dafür die Umsetzung im bewussten Bereich
umso schwerer fällt. Im Laufe der Behandlung
gelang es mir immer mehr mich sozusagen fallen
zulassen und in der vierten Sitzung spürte ich
wie sich eine Last von mir löste. Man kann sich
das so wie die Erleichterung nach einer Prüfung
vorstellen. Danach hatte ich das Gefühl, dass
jetzt für mich die Hypnosetherapie genügt und

zu meinem Erstaunen war auch gleichzeitig Frau
Post dieser Auffassung.

Mein Psychiater schlug mir dann eine spezielle
Traumatherapie bei Frau Gall-Kleebach vor, da
er vermutete, dass der Unfall eine anhaltende
Störung meiner Psyche nach sich gezogen hat.
Die Krankenkasse bewilligte dieses und ich
begann gegen Ende des Jahres die
Traumatherapie.
Frau Gall-Kleebach stellte anhand verschiedener
Symptome eindeutig eine PTBS
(Posttraumatische Belastungsstörung) fest. Die
positive Nachricht war, dass eine PTBS durch
ein sozusagen „Verschieben" der Erinnerung an
den Unfall vom spontanen Bereich des Gehirns
in das Langzeitgedächtnis zu bewältigen ist.
Dadurch werden die auftretenden Gefühle
abgeschwächt bzw. für einen selbst
beherrschbarer. Es begann dann eine Zeit
intensiver Gespräche über mein Leben und
meine Gefühle. Ich lernte sehr viel über „wie ich
ticke" und konnte meine Verhaltensweisen
verstehen. Nach einiger Zeit als sich meine
psychische Verfassung wieder gebessert hatte,
ging es dann an den schon erwähnten Trauma-
Bericht. Durch das wiederholte laute eigene
Lesen und Vorlesen von Frau Gall-Kleebach
spürte ich das die dabei auftretenden Ängste
immer weniger intensiv wurden. Erstmals fühlte
ich auch eine Erleichterung. Die Beklemmung

und Anspannung sank, wenn ich mich an den Unfall erinnerte und die Folgen bewusst wurden. Die negativen Gefühle sind auch heute noch da - aber ich bin ihnen nicht mehr so ausgeliefert. Überhaupt waren die Gespräche mit Frau Gall-Kleebach immer sehr hilfreich. Auch als ich mich besser fühlte. Sogar wenn ich auf dem Weg zu ihr mich fragte, was wir heute besprechen sollten, fiel immer ein Satz, der mir weiterhalf und ich verlies die Sitzungen immer mit einem besseren Gefühl als zuvor. Die PTBS hatte ich nach Aussage von Frau Gall-Kleebach mittlerweile ganz gut bewältigt, aber eine Schwächung meiner psychischen Stabilität wird wohl bleiben.

In der Arbeit lief es auch einigermaßen und ich schöpfte Hoffnung, dass nun alles wieder besser werden wird.
Aber leider war dem nicht so. Im März 2015 begannen wieder ganz schleichend die Gefühle der Überforderung und Schuldgefühle sich breit zu machen. Zunehmend hatte ich jetzt auch Existenzängste, da ich scheinbar immer wieder in die Depression zurückfallen könnte. Dies steigerte sich immer mehr, sodass ich wieder krank wurde und die Arbeit niederlegte.
Ich verbrachte die nächsten Monate zu Hause. Mit der Zeit wurde ohne die Arbeitsbelastung auch mein Gemütszustand wieder besser und ich überlegte mit Manuela, wie es weitergehen

sollte. Jedenfalls war mir klar, dass ich diesmal etwas Gravierenderes ändern musste. Ich entschloss mich eine Wiedereingliederung mit 4 Stunden an 4 Arbeitstagen pro Woche zu machen und die Projektarbeit vollständig zu lassen. Als weiterer Schritt hatte ich noch die Möglichkeit im Hinterkopf in eine völlig andere Abteilung zu wechseln. Mit meinem neuen Vorgesetzten, mit dem ich mich sehr gut verstand, stimmte ich mein zukünftiges Aufgabengebiet ab und alle Kollegen unterstützten mich, wo sie konnten. So vergingen die nächsten Wochen in der reduzierten Arbeitsbelastung und ich fühlte mich zunehmend besser, da ich auch eine immer bessere Achtsamkeit für die Belastung durch die Arbeit entwickelte. Ich traute mir nach einiger Zeit dann auch wieder die Beteiligung an der Projektarbeit in kleinen Schritten zu, da wie es mir schien die „einfache" Arbeit auf Dauer zu eintönig war. Ich konnte auch wieder neue Ideen in die Projektarbeit einbringen und die Arbeit machte mir zunehmend wieder Spaß. Doch leider sollte dies nicht von Dauer sein. Ich hatte zwar keinen Druck von Seiten meiner Vorgesetzten, aber nach einem halben Jahr begannen wieder die Zweifel an der Bewältigung der Arbeit. Ich hatte dann auch das Gefühl, dass ich sogar die reduzierte Arbeitsbelastung wieder nicht schaffen würde. Ich besprach dies natürlich auch Frau Gall-Kleebach und Dr.

Reinhard. Als ich dann eines Tages wieder die Arbeit beenden musste, da ich zunehmende Angstzustände bekam, schlugen mir meine Therapeuten die Einweisung in die Psychiatrie des Max-Planck-Instituts in München vor. Dort ist man auf eine gleichzeitige medizinische und psychotherapeutische Behandlung spezialisiert. Vor dieser Einweisung hatte ich große Bedenken, da ich mit dem Begriff Psychiatrie natürlich sogleich sehr negative Gedanken wie „Irrenanstalt" verband. Der Film „Einer flog übers Kuckucksnest" kam mir immer wieder in den Sinn. Schließlich stimmte ich zu, da ich auch keine andere Lösung wusste.

Im Oktober 2015 war es dann soweit. Ich kann heute noch die Beklommenheit spüren als ich im MPI eintrat. Die ersten Tage waren nicht leicht, da man sich an den Krankenhauscharakter erst gewöhnen muss. Auch erlebte ich die Verzweiflung vieler Patienten nun hautnah. In mir kamen Zweifel hoch, ob ich hier nicht noch tiefer in meine Depression sinken würde.

Aber nach einiger Zeit lernte ich viele sehr liebe Menschen kennen, die ihren Humor noch nicht verloren hatten. Ich fühlte mich zunehmend gut aufgehoben und fasste wieder Zuversicht. Meine Medikation wurde auf Venlafaxin geändert.

Auch der Eindruck von den Ärzten war äußerst positiv. Sie nahmen sich viel Zeit für mich, obwohl sie, wie ich später feststellte, schon ein sehr großes Arbeitspensum erfüllen müssen. Für die psychotherapeutische Behandlung in der Gruppe gab es eine Art Warteliste. Dort wurde die Schematherapie angewandt – eine Art Kombination von Freud'scher Psychoanalyse, d.h. die Ursachen für meine Depression zu finden, und Verhaltenstherapie, die darauf abzielt durch Bewusstwerden der eigenen Reaktionen, diese bestimmten Rollen zuzuordnen und dann sich gezielt für ein anderes Verhalten zu entscheiden und damit die Gefühlswelt zu ändern. Da mein Aufenthalt nur bis vor Weihnachten geplant war, drängte ich zunehmend darauf, möglichst bald daran teilnehmen zu können.

Der Aufenthalt in der Klinik begann in der Früh um sieben noch vor dem Frühstück mit einer sportlichen Betätigung. Das Aufstehen fiel mir nicht immer leicht, aber ich fühlte mich danach beim Frühstück immer sehr wohl und so zog ich den Frühsport mit zunehmendem Gefallen daran durch. Daneben gab es im Tagesverlauf diverse Angebote von Therapien, die zwar freiwillig waren, aber die Therapeuten legten uns die Teilnahme als wichtigen Punkt der Behandlung nahe. Ich fand bald auch Gefallen an der Sport- und Kunsttherapie. Auch Arbeitstherapie und kognitives Training in der Gruppe kamen mir mit der Zeit immer nützlicher vor. Daneben wurde uns die Depression aus medizinischer Sicht in einer wöchentlichen sogenannten Psychoedukation erklärt. Dies nimmt einem vor allem die Sichtweise der eigenen Schuld, da anhand der chemischen Abläufe im Gehirn die Depression im Groben erklärt werden kann – wie bei jeder den Körper betreffenden Krankheit.

So fühlte ich mich zunehmend besser und begann auch meine Zukunft wieder zu planen. Ich nahm mir vor in der Arbeit in eine andere Abteilung zu wechseln. Zu welcher, wusste ich zwar noch nicht – dies hängt ja auch vom Arbeitgeber ab – aber schon dieser Vorsatz gab mir zusätzliche Sicherheit.

Die Schematherapie stellte sich für mich als absolut geeignet heraus – ich konnte die theoretischen Ansätze der verschiedenen Anteile in der Persönlichkeit absolut nachvollziehen und meine Gedanken, Verhaltensweisen und die daraus resultierenden Gefühle besser verstehen.

Einige Bekanntschaften mit anderen Patienten wurden zu richtigen Freundschaften. Der Kontakt ist auch bis heute nicht abgerissen. Gerade die Gespräche untereinander und das gegenseitige Verstehen und Mitfühlen stellt einen wichtigen Punkt des Aufenthalts in der Klinik dar. Man kann von anderen die Bewältigungsstrategien oder Teile davon für sich übernehmen.

Die Wochenenden verbrachte ich zu Hause. Dort nahm ich mir dann auch fast immer Zeit, die vergangene Woche in Gedanken durchzugehen. Meine Zuversicht kehrte zurück und so näherte sich meine Entlassung.

In der Schematherapie gab es das Ritual, dass die nach Hause Zurückkehrenden von jedem Teilnehmer der Gruppe aus dessen Sicht mit positiven Gefühlen und Wünschen verabschiedet wurden. Ich wurde ganz herzlich und voll positiver Eindrücke verabschiedet. Auf der Station verabschiedete ich mich dann noch von allen liebgewonnenen Mitpatienten und packte meine Sachen zusammen. Beim Verlassen der Klinik kehrte natürlich eine gewisse Anspannung ein. Was bringt die Zukunft? Werde ich es jetzt meinen Alltag und die Arbeit wieder bewältigen?

Zuerst stand jetzt aber Weihnachten vor der Tür. Ich freute mich schon auf meinen Sohn, der für ein paar Tage kommen wollte. Zuhause wurde ich ganz herzlich empfangen und auch ich fühlte mich irgendwie erleichtert, dass ich nicht mehr in die Klinik zurück musste.

Mein Sohn kam dann auch und ich freute mich sehr ihn wiederzusehen. Am Weihnachtsabend feierten wir drei zusammen mit meiner Mutter bei einem guten Essen und schönen Geschenken. Der nächste Tag brachte wie immer die Besuche bei den Schwiegereltern mit allen Geschwistern meiner Frau und deren Familien. Mein Sohn reiste am 2.Weihnachtsfeiertag wieder ab, da er auch mit seiner Freundin in Speyer noch Weihnachten feiern wollte.

Am Abend darauf hatte ich schon ein komisches Gefühl und in der Nacht sackte meine Psyche dann ganz plötzlich ab, sodass ich am Morgen voller Angstgefühle fast nicht mehr aufstehen konnte. Die Depression war wieder da! Ich wusste weder ein noch aus, was ich tun sollte und Panik stieg in mir auf. Ich besprach die Situation mit Manuela und schließlich beschloss ich wieder ins MPI nach München zurückzukehren, wenn dies auf die Schnelle möglich war. Ich rief meinen zuständigen Arzt im MPI an und er wollte sich darum kümmern, dass ich wieder aufgenommen wurde, sobald ein Bett frei wurde. Der nächste Tag verging voller Zweifel, ob die Entscheidung richtig ist und wie sollte es danach überhaupt weitergehen. Aber ich blieb bei dem Entschluss, da ich hier zuhause jetzt einfach nicht zurechtkam. 2 Tage später war ein Bett frei und ich fuhr wieder nach München. Auf meiner bisherigen Station war kein Platz frei, aber man hatte mir ein Bett in der Privatstation reserviert. Lauter neue unbekannte Patienten und ein sehr chaotischer Zimmerkollege machten mir die Lage in den ersten Tagen nicht leicht. Aber die Angst wurde weniger und ich gewöhnte mich auch an die neue Situation. Nach ein paar Tagen konnte ich auch wieder klarer denken und ich fasste jetzt den Entschluss, nicht mehr in die Arbeit zu gehen und die Erwerbsminderungsrente zu beantragen. Mir wurde immer mehr klar, dass meine psychische Stabilität anscheinend sehr verletzlich ist. Ich verbrachte Silvester im MPI. Ich erinnere mich noch heute an die für mich absurde Situation, als ich den Silvesterabend alleine im Aufenthaltsraum mit Dick und Doof im Fernsehen verbrachte – wenn mir das jemand ein paar Jahre zuvor gesagt vorhergesagt hätte, ich hätte ihn für verrückt erklärt!

Nach zwei Wochen kam ich endlich auf meine Station zurück, wo ich mich viel aufgehobener fühlte. Die Medikation wurde mit Lamotrigin erweitert, da nach Erfahrung meines Arztes in Kombination mit Venlafaxin gute Ergebnisse erzielt worden sind. Auch die Schematherapie wurde weitergeführt und ich machte dort weiterhin Fortschritte im Erkennen und Aufarbeiten meiner psychischen Verhaltensweisen. Bis Mitte Februar blieb ich auf der Station und die Bande zu einigen Mitpatienten wurden immer enger. Als es dann an meine Wiederentlassung ging, die ich jetzt auch für richtig hielt, erlebte ich in den letzten Tagen eine zunehmende Verunsicherung und war bei meiner Heimfahrt recht aufgeregt. Auf der Zugfahrt nach Hause hatte ich dann aber ein für mich auch heute noch irres Erlebnis. Ich fühlte, wie mein Bewusstsein von einer Last befreit wurde und eine Vielzahl von positiven Gedanken und Gefühlen mich ausfüllten. Voller

Optimismus kam ich zu Hause an. Alles fühlte sich richtig an, auch meine Entscheidung, die Arbeit niederzulegen.

Meine Rente wegen voller Erwerbsminderung wurde nach einiger Zeit genehmigt und ich konnte meinen Alltag zunehmend strukturieren. Auch konnte ich phasenweise die gewonnene Freiheit genießen. So verbringe ich auch jetzt noch Zeit mit meinem behinderten Freund Fritz, aber nicht mehr in dem Ausmaß wie am Anfang, was mir auch gut tut. Vorher war es mehr ein Sühnen meiner Schuld an dem nicht mehr gut zu machenden Folgen des Unfalls. Jetzt mache ich es einfach gern. Dabei half mir natürlich auch, dass seine Frau mir weiterhin keine Vorwürfe macht, sondern den Unfall als Schicksalsschlag sieht, mit dem man lernen muss umzugehen. Unsere Beziehung ist tiefer geworden, da wir beide uns öfter über die Verarbeitung des Geschehenen unterhalten und unsere Erfahrungen und Gefühle austauschen.

Ich hatte zwischenzeitlich wieder mehrere Rückschläge, die ich aber akzeptierte und mit denen ich durch das in den Behandlungen angeeignete Wissen umzugehen gelernt habe. Die Rückschläge sind anfänglich immer voller Angst, wieder in eine tiefe Depression zu geraten. Aber nach ein paar Tagen kann ich bis heute durch Reflektion der negativen Gedanken und vor allem Aktivität diese abwenden und nach ein bis zwei Wochen habe ich das Tief überwunden. Dabei wurde ich weiterhin von Frau Gall-Kleebach wirklich toll begleitet. Wir vergrößerten den Abstand der Sitzungen zum Schluss auf 2-3 Monate. Die letzte Sitzung war für mich dann schon noch ein sehr emotionaler Moment, da natürlich auch die Frage im Raum stand – werde ich ganz ohne Therapie klar kommen? Aber selbst in dieser letzten Sitzung gab mir Frau Gall-Kleebach irgendwie eine wichtige Hilfe. In diesem Gespräch konnte ich erst wirklich richtig die Aussage über meine schon angeschlagene und durch das Trauma des Unfalls tief verletzte Psyche verinnerlichen. Erst jetzt schien ich dies angenommen zu haben – ich bin verletzt, ich bin weniger belastbar! Diesen Gedanken machte ich mir später immer wieder in stressigen Situationen bewusst und er half mir dann auch.

Meditation

Die Fähigkeit seine Gedanken zu wahrzunehmen und als nicht gottgegeben, sondern als beeinflussbar zu erkennen ist ein wichtiger Schritt aus der Spirale der Depression auszubrechen. Unsere Gedanken sind mit maßgebend für unsere Gefühle. Dies liest jeder Mensch wohl sehr oft, aber diesen Aussage zu verinnerlichen, mit Leben zu füllen und für sich ins Positive anzuwenden, ist eben nicht so einfach, wie man glaubt. Ich brauchte jedenfalls mehrere Jahre, um dies zu erkennen und lerne auch heute noch immer dazu. Vielleicht geht das auch ein Leben lang. Aber wenn man erste Erfolge sieht, wird dieser Weg immer leichter und füllt sich immer mehr mit der Freude der Erkenntnis. Inzwischen glaube ich sogar, dass es gar kein Ende gibt, da die Welt und auch die Psyche des Menschen so komplex voneinander abhängen. Mit der Freude der Erkenntnis geht aber auch eine Freiheit der Gedanken einher, die

die Neugier auf das Leben immer wieder neu
entfachen.

Für die Menschen, die gerade von
Depressionen, Krankheiten oder auch
Schicksalsschlägen betroffen sind, scheinen
diese Aussagen unvorstellbar, oder zum Teil
auch lehrerhaft und ihre Situation verhöhnend.
Auch für mich war das so und kann es
nachfühlen. Aber ich erlebe jetzt eben auch das
Gegenteil. Auch für mich gibt es immer wieder
„beschissene" Tage, aber sie vergehen!
Mit meinen Gefühlen hatte oder musste ich
mich in meinem Leben schon immer
auseinandersetzen. Ich erlebte ganz oft ein
Wechselbad der Gefühle. Einer Zeit voller
Lebensfreude und Selbstbewusstsein, folgten oft
Existenzängste und eine Niedergeschlagenheit.
Ich dachte immer wieder, wie meistern denn all
die anderen Menschen ihr Leben. Oft konnte
ich rational gar keine äußeren Unterschiede in
den verschiedenen Lebensphasen erkennen.
Mit der Zeit nahm ich mich dann eben so an,
wie ich war. Nur die negativen Phasen waren
natürlich wirklich nicht schön – aber im
Nachhinein vielleicht doch wichtig.
Ich befasste mich schon in jungen Jahren mit
den griechischen Philosophen und Hermann
Hesse wurde eine wichtige Lektüre für mich, wie
für viele andere. Ich wuchs in der Zeit der
Liedermacher auf und die Ansichten der 68iger

Generation prägten mein Denken. Festivals wie Woodstock verkörperten für mich die Freiheit. Daneben wurde der Buddhismus nicht als Religion, sondern als Philosophie immer bedeutender für mich.

In der Depression bei meinen Klinikaufenthalten erkannte ich bald, dass es für mich sehr hilfreich war, mich schon vorher mit meinem Geist und meinen Gefühlen beschäftigt zu haben. Aber auch meine naturwissenschaftliche Ausbildung halfen mir gerade in der Psychotherapie die Vorgehensweisen zu verstehen.

Die fernöstlichen Kulturen mit ihren Kampfkünsten und Philosophien hatten mich schon seit Jahren immer angezogen und so begann ich mit Chi-Gung und später dann Taiji-Chan Kursen. Das Taiji-Chan übe ich noch heute mit großer Freude aus. Ich habe auch das Glück hier auf einen Lehrer zu treffen, der gerade das meditative im Taiji betont. So beginnt jede Taiji-Stunde mit einer Meditation. Taiji ist für mich neben dem Körper, vor allem auch Training des Geistes. Damit ist aber nicht in erster Linie der rationale Anteil gemeint, sondern vor allem das Unterbewusstsein. In unserer heutigen materiellen geprägten Welt spielt vor allem der rationale Verstand eine Rolle. Der Beschäftigung mit dem Unterbewussten wohnt immer noch ein Beigeschmack von Zauberei und Scharlatanerie bei. Dabei zeigt uns gerade die Wissenschaft, dass nur vielleicht ein Zehntel der Gehirnaktivität dem Bewussten zuordenbar ist. Unser bewusstes Ego überschätzt sich maßlos – versuchen sie nur mal bewusst Rad zu fahren oder zu tanzen. So schnell kann der rationale Verstand uns gar nicht steuern und richtig Freude am Tun kann er uns auch nicht geben.

Für mich ist jedenfalls gerade die Meditation zu einem ganz wichtigen Bestandteil meines Lebens geworden. In meiner Nähe ist vor einigen Jahren ein buddhistisches Zentrum entstanden, wo ich wöchentlich an einer Meditation im kleinen Kreis teilnehme. Es ist für mich auch nicht wichtig hier alle Möglichkeiten auszuschöpfen. Ich verlasse mich mittlerweile zunehmend auf meine innere Stimme, für was ich mich entscheide – jedenfalls muss es ohne äußeren oder inneren Zwang sein. Schon in der Behandlung der Depression fasste ich für mich den Satz. „Ein Gedanke ist dann destruktiv, wenn er mir keine Wahlmöglichkeit lässt". Mit dieser Freiheit der Entscheidung hoffe ich mein weiteres Leben führen zu können und ich bin zunehmend neugierig, wo mich das hinführen wird.

Die Freude ein Motorrad zu fahren

Was hat das mit Meditation oder gar Depression
zu tun?
Mancher ahnt oder kennt vielleicht schon die
Antwort auf diese Frage.
Als erstes habe ich schon früh bemerkt, dass
beim Fahren meist alle Alltagsprobleme wie
weggewischt sind. Ich bin beim Fahren
sozusagen im „Jetzt" und mache mir keine
Gedanken über Vergangenes oder Zukünftiges.
Von diesen Erinnerungen und Vorstellungen ist
unser Denken im Alltag meist vollkommen
ausgefüllt.

Aber ich möchte auch dieses Thema für mich
noch weiter ausführen, da erstens mich das
Motorradfahren schon fast mein ganzes Leben
begleitet und zweitens gespannt bin, wie ich das
damit verbundene Gefühl ausdrücken kann.

Wie viele andere hatte ich den ersten Kontakt zu
einem motorisierten Zweirad mit ca. 14 Jahren.
Mein Vater war in jungen Jahren auch ein

begeisterter Motorradfahrer. Er hatte im Alter
von ca. 20 Jahren die Möglichkeit mit seinem
ersten ersparten Geld von 3000 D-Mark einen
Bauplatz (!) oder eine 250iger BMW zu kaufen.
Er entschied sich für die BMW!

So bekam ich bald ein altes Moped geschenkt,
das ich etwas herrichten musste. Ich zerlegte
auch mal gleich den Vergaser und reinigte ihn,
obwohl ich überhaupt keine Ahnung hatte,
welche Teile für was zuständig sind. Aber
wahrscheinlich auch mit Hilfe von meinem
Vater lief das Moped bald. Meine Freunde
hatten zwischenzeitlich auch ähnliche Mopeds
und wir übten fleißig. In unserem Garten
entstand eine richtige Bahn – heute wäre so
etwas undenkbar.
Nach dem 16. Geburtstag hatten wir endlich alle
den Führerschein. Mein erstes Moped für die
Straße war dann eine Zündapp Combinette mit
1,6 PS. Da ich noch in die Schule ging, konnte
ich mir ein kein Moped mit „großem"
Nummernschild leisten – die hatten über 6 PS
und liefen fast 100 km/h. Wir fuhren aber meist
nur in der Ortschaft umher und da war meine
Höchstgeschwindigkeit von ca. 50 km/h fast
ausreichend. Die fehlende Beschleunigung
versuchte ich oft in den Kurven wieder wett zu
machen. Dementsprechend oft lag ich auf der
Nase. Trotzdem hatten wir Sommer wie Winter
sehr viel Spaß mit unseren Maschinen.

Als ich dann endlich 18 war, kaufte ich mir von meinem Ersparten eine neue 250iger Yamaha mit 27 PS(!) für 3500 DM. Ich weiß heute noch, wie ich mit dem Bündel Scheine zum Motorradhändler fuhr.

Was war das für ein Geschoss damals. Ich fühlte mich großartig. Das Motorrad verkörperte für mich einfach das Gefühl von Abenteuer. Und Freiheit. Meine Freunde hatten sich mittlerweile fast alle ein vierrädrigen fahrbaren Untersatz zugelegt, sodass ich des Öfteren auch alleine unterwegs war. Ich fuhr zum ersten Mal dann auch in die Alpen und fand sofort Gefallen an den kurvigen Passstraßen. In meinen ersten Jahren hatte ich auch eine Menge Glück. Es gab zwar viele gefährliche Situationen, aber Stürze mit ernsten Folgen musste ich nicht erleben. Damals war mir aber noch nicht bewusst, warum mir das Motorradfahren so gefiel. Es war einfach das Fühlen der Geschwindigkeit im Fahrtwind, der Beschleunigung und das Reinlegen in die Kurven. Ich fühlte mich dabei einfach frei und die „Gefährlichkeit" des Motorradfahrens war für mich auch eine Art Abenteuer. Dies blieb auch bis heute so, wenn auch in abgeschwächter Form, da andere Dinge um das Motorrad und des Fahrens heute in den Vordergrund gerückt sind. Geblieben ist aber immer das Erleben des momentanen Augenblicks. Beim Fahren war der Kopf frei von den Alltagsproblemen und Gedanken, die nicht das Motorrad betreffen. Wenn dann das mal nicht der Fall war, war das ein klares Zeichen für mich, dass heute nicht mein Tag ist. In der Zeit der angehenden Depression wurde es sogar gefährlich und ich erlebte auch einen Unfall, bei dem ich einfach ein Auto übersehen hatte. Glücklicherweise ging es aber glimpflich ab. Heute fahre ich an solchen Tagen erst gar nicht mehr bzw. wenn ich unter dem Fahren merke, dass ich nicht bei der Sache bin, versuche ich sobald als möglich die Tour zu beenden.

Zurück zu meinen Maschinen. Nach 2 Jahren mit der 250iger Yamaha, hatte ich mir dann auch das Geld für eine Honda CB 750 Four F2 erspart und holte sie wieder im Frühjahr beim Händler ab. Die Straßen waren damals im Schatten noch teilweise gefroren und ich war heilfroh wie ich zu Hause ankam. Mein Puls war jedenfalls noch eine ganze Weile am oberen Anschlag. Vor der Kraft (73 PS!) und dem Gewicht der Maschine (250kg) hatte ich gehörigen Respekt. Das Gefühl von Abenteuer beim Fahren empfand ich dadurch aber nochmals intensiver.
Ich fand wieder ein paar motorradfahrende Freunde und auch Manuela war eine gute Beifahrerin. In jungen Jahren hatte Sie jedenfalls ganz viel Vertrauen in mich. Dies zeigte sich beim Motorradfahren dadurch, dass bei längeren Touren sie anfing einzuschlafen, was ich durch

das Klopfen ihres Helmes an meinem auch
sofort bemerkte. So verbrachten wir einige Jahre
mit ausgedehnten Touren in den Alpen. Die
weiteste Fahrt führte uns im Urlaub nach
Spanien – vom Mittelmeer entlang den Pyrenäen
bis zum Atlantik. Wir waren vier Motorräder
und die meiste Zeit suchten wir uns einen
„wilden" Zeltplatz immer dort, wo wir am
Abend gerade waren. War echt eine schöne
wilde Zeit!
Ich begann immer mehr an meinen Motorrädern
selbst Hand anzulegen und gewann dadurch mit
der Zeit auch immer mehr Erfahrung in der
Wartung und Reparatur der Motoren. Auch
optisch gestaltete ich meine Honda um – M-
Lenker war damals Pflicht für einen „schnellen"
Fahrer! Die 750iger Honda bekam zweimal auch
ein neues Farbdesign in Rotweiß. Durch diese
Beschäftigung mit dem Motorrad gewann ich
eine ganz enge Beziehung zu meinen
Maschinen. Gerade die Beschäftigung mit dem
Motor und dem zunehmenden Verstehen, wie
alles funktioniert schuf eine Verbundenheit
beim Fahren, da ich auch zunehmend ein
Gefühl für den Klang und den Lauf des Motors
bekam. In diese Zeit fiel auch die Lektüre von
„Zen und die Kunst ein Motorrad zu warten".
Dieses Buch ist bekanntermaßen Kult nicht nur
für Motorradfahrer und ich konnte seine
Philosophie richtig spüren und nachempfinden.
Gerade das Herumschrauben gibt einem ein

Gefühl für Material und Aufbau. Hier kann ich auch den Film „*the greasy hand preachers*" nur empfehlen.

Zurück zu meinen Motorrädern –
Als wir dann Nachwuchs erwarteten und sich auch die Freundschaften mit den anderen Bikern mehr und mehr auflösten, verkaufte ich schließlich meine geliebte 750iger Honda. Doch ganz ohne Motorrad war es scheinbar auch nichts. Wir hörten von einem Händler, der im Nachbarort den Verkauf von Dnepr-Gespannen angefangen hatte. Ich schaute mit Manuela zusammen bei ihm vorbei und er hatte gerade eine Vorführmaschine MT12 zum Verkauf. Wir waren beide sofort ganz begeistert und nach kurzer Überlegung erstand ich diese Maschine, die mich 30 Jahre begleiten sollte. Die Dnepr hatte einen seitengesteuerten Motor mit 26 PS und erreichte eine Höchstgeschwindigkeit von knapp 100 km/h. Die MT12 ist eine robuste Beiwagenmaschine für den Geländeeinsatz und war von der BMW R71 kopiert und dann weiterentwickelt worden. Sie wird auch als BMW des Ostens bezeichnet. Mit dem bisherigen Motorradfahren hatten die Ausflüge nicht viel gemeinsam. Jedenfalls war es für mich eine ganz neue Erfahrung und bei der ersten Ausfahrt landete ich gleich in der Hecke unseres Nachbarn. Der Lenker musste im Gegensatz zum Zweirad einfach wie ein Lenkrad bedient

werden. Aber ich hatte den Dreh bald raus und dann machte gerade die Fahrt auf Schotter oder Schnee einen Heidenspaß, da man ganz einfach zumindest durch die Linkskurven driften konnte. Rechts herum war es nur mit Beifahrer möglich, da sonst der Beiwagen abhob und durch den Differentialantrieb der Schub aussetzte. Insgesamt war es ein ganz entspanntes Fahren mit niederen Drehzahlen, da der Motor eher die Charakteristik eines Traktors hatte. Als unser Sohn etwas größer war, drehten wir zu dritt auch kleine Feierabendrunden in der näheren Umgebung. Wir unternahmen mit der Dnepr aber auch ausgedehnte Touren in den Alpen und erregten oft freudiges Aufsehen. Natürlich gab es auch einige Pannen, die aber immer in neuen lustigen Bekanntschaften und Erlebnissen endeten.

Als ich einmal mit einem Freund unterhalb des Furkapasses unterwegs war, brachen am Beiwagenrad alle Speichen durch – ich hatte das Nachspannen wohl nicht genügend im Auge behalten. War ja nicht schlimm, da alle Räder tauschbar sind und das Reserverad auf dem Beiwagen nur eingesetzt werden musste. Die Panne ereignete sich zufällig genau neben einem Biergarten, wo wir auf die behobene Panne uns zuerst einmal ein Halbe genehmigten. Es war wunderbares Wetter – blauer Himmel, Sonnenschein und die schneebedeckten Berge um uns herum. Der ersten Halbe folgten natürlich weitere und an ein Weiterfahren war nicht mehr zu denken. Der Wirtin haben wir beide scheinbar auch gefallen, denn Sie erlaubte uns im Biergarten unser kleines Zelt aufzustellen. Wir genossen den Abend bei guter Schweizer Brotzeit und Bier. Am nächsten Tag ging's nach ausgiebigem Frühstück mit leichtem Brummschädel dann weiter. Des Öfteren wurde uns jedenfalls äußerst zuvorkommend geholfen, was wir wohl meistens der Dnepr zu verdanken hatten.

Als unser Sohn dann in die Schule kam, reifte in mir der Gedanke wieder ein Motorrad anzuschaffen. Als auch Manuela überraschend den Motorradführerschein nachmachen wollte und dies umsetzte, erstanden wir eine Honda 650SLR. Dieser robuste Einzylinder gefiel mir sofort durch seine Charakteristik. Das Fahren war ganz anders als mit meinen bisherigen Maschinen. Man konnte ganz entspannt mit niederen Drehzahlen kleine einsame Straßen entlang bollern. Ich begann mit meinem Freund Horst, der auch wieder das Motorradfahren anfing, eine jährliche Tour in die Alpen zu planen. Er hatte früher eine 250iger Suzuki gehabt als ich meine 250iger Yamaha fuhr. Unsere erste Tour führte uns nach Frankreich vom Genfer See bis zu den Seealpen. Diese Tour zeigte uns, wie toll das Biken hier war – super Pässe mit ganz wenig Verkehr. Wir passten in unserer Fahrweise vollkommen zusammen und auch die Abende in einfachen Unterkünften an immer neuen Orten waren feucht fröhlich und äußerst unterhaltsam. Ich mit meiner kleinen Honda voraus und er mit meist mit größerer Maschine von Honda Varadero bis zur Ducati Multistrada dahinter. Wir hatten immer einen ungefähren Plan, wo es lang gehen sollte, änderten ihn aber auch oft unterwegs. Dabei befuhren wir auch einsame Schotterpässe wie den Gavia oder den Passo Cinque Croci.

Als ich dann mit 42 Jahren ein neues Hüftgelenk bekam, reifte in mir der Entschluss eine Ducati zu anzuschaffen – mein Traum in jungen Jahren, aber damals waren mir die noch einfach zu teuer. Ich fand auch bald eine Monster 900 mit nur 3000 km, von der ich sofort total begeistert war. Unsere Touren wurden dadurch noch schöner für mich. Eine bleibende Erinnerung war dann die Asietta Kammstraße. Beim ersten Versuch waren wir noch an einem Schneefeld gescheitert, aber der zweite Versuch mit unseren beiden Ducatis war dann erfolgreich, wenn auch äußerst extrem. Denn ab der Hälfte der Strecke verwandelte sich die Schotterstraße in eine Schlammpiste. Wir mussten durch Wasserlöcher mit unbekannter Tiefe fahren. Hier war die Devise immer einfach durch, denn an ein Stehenbleiben oder gar Umdrehen war nicht zu denken. Aber wir schafften schließlich die gesamte Strecke und feierten in dem ersten Ort danach die erfolgreiche Überquerung. Mit solchen Maschinen bei derartigen Verhältnissen war dies ein echtes Abenteuer, das uns immer in Erinnerung bleiben sollte.

Doch auch die asphaltierten Pässe animierten uns immer wieder, es g'scheit laufen zu lassen. Unsere Fahrkönnen und der Spaß am Kurvenfahren passte auch hier zusammen. In den nächsten Jahren führten unsere Touren von Kroatien bis zu den Pyrenäen, wobei die Regionen um die „rout de grand alpes" unsere Lieblingsziele waren.

Zum fünfzigsten Geburtstag bekam ich von Manuela ein Renntraining am Lausitzring und von meinen Arbeitskollegen ein Schräglagentraining bei Alfons Rausch geschenkt.

Das Schräglagentraining war echt ein Erlebnis! Fritz begleitete mich und wir kamen auf dem Übungsgelände, einem alten geteerten Platz neben einem Bauernhof an. Es nieselte leicht und ich war schon etwas skeptisch, was das werden sollte. Alfons meinte zu uns fünf Teilnehmern, dass seien gerade die richtigen Bedingungen, um schräg fahren zu lernen. Er demonstrierte dies auch gleich und drehte mit Zigarette im Mund auf dem Platz eine Runde – Knie am Boden – wir waren beeindruckt! Das Übungsmotorrad war eine alte 400 Suzuki mit halb abgefahrenen Serienreifen. Es hatte zwei

„Flügel", auf denen man bei einem Sturz landete – was mir und auch anderen Teilnehmern später dann auch passierte.

Es ging an mit Gleichgewichtsübungen auf dem Motorrad bei langsamer Fahrt. Wir mussten losfahren, wenn das Motorrad auf einem „Flügel" lag. Das war eine bei ihm leicht aussehende Übung, aber ich stellte mich an wie der größte Anfänger. Später begriff ich erst, dass das wie ein Umschalten vom Gespannfahren auf zweirädriges Motorradfahren war und der Lenkimpuls zuerst immer zum gegenteiligen Ergebnis führte. Es war jedenfalls total frustrierend und ich dachte schon ans Aufhören. Aber später ging es dann ans Achter fahren und ich kam immer mehr in Schwung. Ich spürte auch – eben durch Sturz – wie wichtig es gerade bei feuchter Straße ist, nicht am Lenker zu ziehen oder zu drücken. Alfons bezeichnete das als Klavierspielen am Lenker – nur Gas geben und Bremsen.

Später trocknete die Strecke zusehends ab und ich bekam auch mein Knie an den Boden. Das war schon ziemlich schräg, aber ein geiles Gefühl. Ich spürte ein bisschen, wie die Maschine so mit Gas, Bremse und dem Knie am Boden zu führen ist.

Jedenfalls verließen alle Teilnehmer, die auch alle schon viele Motorradkilometer hinter sich hatten, den Tag um einige Erfahrungen reicher. Auch ich lernte nach über 30 Jahren

Motorradfahren einiges dazu. Ein paar Jahre später machte ich mit meinem Sohn ein Bremstraining und auch dies ist sehr zu empfehlen. Überhaupt sind Kurse mit Alfons ein wirkliches Erlebnis, wie ich es noch nicht mitgemacht hatte. Er versteht es mit seinen derben bayrischen Kommentaren zur Belustigung der anderen Teilnehmer einen richtig alt aussehen zu lassen. Aber wenn man dies mit Humor nimmt, lernt man richtig was dazu.

Wie erwähnt hatte auch mein Sohn Moritz den Motorrad- Führerschein nachgemacht. Mit 18 Jahren und zuvor hatte er keinen Bezug zum Motorradfahren, aber jetzt war er Feuer und Flamme. Er kaufte sich dann auch gleich eine Honda CBR 600 RR – einen Supersportler! Ich und vor allem Manuela hatten natürlich schon eine gewisse Angst, dass damit etwas Schlimmes passieren könnte. Ich sagte ihm, dass er gerade mit dieser Maschine sehr aufpassen muss. Eine gewisse Erfahrung beim Fahren eines Motorrads kommt eben erst mit der Zeit.
Aber schon nach kurzer Zeit fuhr er Kurven mit dem Knie am Boden! Meine Bedenken wuchsen, aber mich erfüllte auch Stolz. Er hatte wirklich Talent. Als wir dann am Kesselberg waren und ich ein paar Fotos von ihm in Schräglage machen wollte, passierte dann doch das wahrscheinlich Unvermeidliche. Ich wartete mit

dem Fotoapparat weiter oben auf ihn und er kam nicht! Mein Gefühl wurde immer schlechter bis ein anderer Biker vorbeikam und mir sagte, dass weiter unten ein Unfall passiert sei, aber dem Fahrer nichts passiert ist. Ich fuhr sofort runter und sah bald Moritz neben seiner verdreckten Maschine am Straßenrand stehen – er war recht deprimiert, aber ihm fehlte wirklich gar nichts. Nachdem wir die Maschine gecheckt hatten – es waren nur kleine Schäden vorhanden – fuhren wir schön langsam nach Hause. Manuela sagte nicht viel dazu, aber ihr Blick zu mir drückte einiges aus. Im Nachhinein war dieser Sturz für meinen Sohn sehr heilsam. Von da an fuhr er viel vorsichtiger. Später machte er auch noch das Schräglagentraining und von da an hatte ich viel mehr Vertrauen in seine Fahrweise. Er konnte nach wie vor schnell fahren, aber eben nur, wenn die äußeren Umstände es zuließen. Motorradfahren ist aber trotzdem eine gefährliche Sache, die man sehr konzentriert angehen muss.

Zurück zu meinen Touren mit Horst, die wir mit ein paar Unterbrechungen über zehn Jahre lang mit immer voller Freude durchführten. Leider beendete dann mein Unfall mit Fritz die Touren mit Horst.
Die nächsten Jahre waren nicht mehr vom Motorradfahren geprägt, sondern vom Kampf gegen die Depression. Auch die gelegentlichen

kleinen Ausfahrten mit meiner Ducati waren nicht so entspannt und mit gutem Gefühl, wie ich es bisher kannte. Gerade wenn mein Kopf nicht frei war, wurde es gefährlich und wie schon erwähnt stieß ich mit einem entgegenkommenden Auto zusammen, als ich beim Überholen dieses einfach vollkommen übersehen hatte. Glücklicherweise ging es glimpflich ab. Meine Ducati konnte ich wieder reparieren, aber mir wurde klar, dass ich so nicht oder nur ganz vorsichtig und bewusst unterwegs sein musste.

Wie schon gesagt, hatte ich nach einiger Zeit auch wieder Phasen, in denen es mir längere Zeit recht gut ging. In solchen Phasen fand ich auch die Freude am Motorradfahren wieder und ich spürte gerade dabei wieder die Lust am Leben. In dieser Zeit fiel mir eine Anzeige einer MV Agusta 1000 F4 AGO bei einem nahegelegenen Autohändler ins Auge. Nach einiger Zeit und vielen Zweifeln schaute ich mir die Maschine an und als ich dann auch noch den Sound hörte, rückte mein Entschluss für dieses Traummotorrad immer näher. Ich besprach die Sache mit Manuela. Sie fuhr zum Händler mit und konnte meine Begeisterung auch nachvollziehen. So kam die MV in meinen Besitz. Es war eine Maschine, die auf diversen Ausstellungen gezeigt wurde. Sie war sieben Jahre alt, hatte aber Null Kilometer drauf. Ich versprach Manuela, die MV auch erst dann anzumelden, wenn ich meine Depression überwunden habe. Mit den weiteren Rückschlägen in meiner Psyche kamen natürlich auch wieder Zweifel an meinem Tun auf und ich versprach auch schweren Herzens meine Motorräder alsbald zu verkaufen. Nach meinem Aufenthalt im MPI hatte ich dann aber ein Schlüsselerlebnis, als ich auf den nahegelegenen Hohenpeißenberg eine Abendrunde drehte. Ich traf einen älteren Biker, der auf einer Moto Guzzi LeMans unterwegs war. Wir unterhielten uns natürlich über Motorräder. Als ich dann nach Hause fuhr, wurde mir plötzlich klar, was Motorräder für mich bedeuten und es gab für mich keinen Zweifel mehr, dass es einfach für mich richtig ist, meine Maschinen zu behalten. Wie sollte ich das aber Manuela erklären? Im Gespräch war das eher nicht möglich. Schließlich setzte ich mich dann hin und schrieb ihr einen Brief, in dem ich versuchte all dies zu erklären. Total aufgeregt wartete ich auf ihre Reaktion. Ich merkte schon an ihrem Gesichtsausdruck, dass sie mich verstehen konnte. So behielt ich meine geliebten Motorräder.

Auch heute noch war das nach meinem Gefühl die richtige Entscheidung, da auch mit der Beschäftigung an den Motorrädern die Lust am Leben zurückkehrte.

Ich schraube wieder an den Motorrädern und fahre inzwischen mit ganz anderem Bewusstsein

Motorrad. Ich habe nach wie vor große Freude
am Fahren, auch zwischendurch schnell
unterwegs zu sein. Dabei spüre ich die
Verbundenheit mit dem Motorrad, fühle den
Motorlauf und wenn mir eine Kurve richtig gut
gelungen ist.
Das Gespür für Material und Tun kann ich
beim Schrauben mir immer wieder
vergegenwärtigen und zum Teil auch auf andere
Tätigkeiten übertragen. Es stellt sich dabei
zunehmend eine innere Ruhe und Freude ein.
So besitze ich bis heute 3 Motorräder, mit denen
ich das Fahren mit und Schrauben an ihnen
meist richtig genießen kann.

Aussichten und Spiritualität

Durch das Motorradfahren fand ich wieder Spaß am Leben. Dies war aber nur möglich, weil ich mich in gute Behandlung begab und mich auch selbst intensiv mit meiner Psyche beschäftigte. Durch Meditation und durch die buddhistische Lehre fand ich Ruhe und die Neugier am Leben wieder.

Die Neugier, wie mir jetzt bewusst wurde, ist im Leben neben der Freude und dem Genießen eine ganz wichtige Voraussetzung für ein glückliches Leben. Ich gewann auch zunehmend wieder Interesse an Dingen, die in meinem Leben schon immer eine Rolle gespielt haben. Jetzt habe ich natürlich die Zeit dafür und kann mir dabei auch Zeit lassen, was ich auch erst lernen musste. Ich lese neue und auch meine alten Bücher nochmal. Zum Beispiel sehe ich den Mensch Herrmann Hesse mit anderen Augen und kann in seinen Büchern viel mehr mir bekannte Gefühle finden. Ich lerne Italienisch an der VHS (habe ich leider nach 2 Abenden in einer „schlechten" Fase abgebrochen) und besuche auch einen Aquarellkurs. Das Malen hat mich schon immer mal mehr, mal weniger intensiv begleitet. Gerade beim letzten Aufenthalt in MPI hatte ich

wieder damit begonnen. Ich probiere jetzt aus
Neugier auch viele verschiedene Arten aus.
Der in meinen Augen aber wichtigste Punkt
wird die Beschäftigung mit Spiritualität sein. Nur
das kann dem Leben eine tiefere Bedeutung
geben. Gerade im Alter erfährt man die
Vergänglichkeit sehr intensiv. Viele sportliche
Aktivitäten lässt der Körper nicht oder nur mehr
in reduzierten Ausmaßen zu. Wie ich auch
erfahren musste, kann sich die vermeintlich
sichere Zukunft schlagartig ändern. Und im
Alter wird die Zeitspanne bis zum Tod auch
immer kürzer, damit vorstellbarer und
bewusster. Ich lerne jetzt mehr und mehr Dinge
und Gefühle als nur momentan schön oder auch
schlecht zu sehen. Damit muss ich am Schönen
nicht festhalten und am Üblen nicht verzweifeln
- aber wie gesagt, ich bin damit erst am Anfang
und es wird nur in kleinen Schritten gehen. Man
kann es nicht erzwingen. Damit wird man nur
ein Schritt rückwärts machen. Mir ist bewusst,
dass auch andere Zeiten wieder kommen
können, aber ich habe jetzt große Zuversicht,
immer wieder aufs Neue diese Sichtweise zu
erkennen. Und ich sehe jetzt eine Richtung in
meinem Leben, die sinnvoll und schön
ist.....wie sagt man so oft, der Weg ist das Ziel.
Für mich hat dieser Satz eine tiefe Bedeutung
gewonnen.....und dieser Weg braucht ein Leben
lang kein Ende zu haben.

Zum Schluss möchte ich noch eine Botschaft an alle loswerden, die mit sich selbst gerade große Probleme haben.

Ich habe ganz schwere Zeiten erlebt, in denen keine positive Zukunft mehr vorstellbar war und deshalb auch immer wieder der Gedanke kam, das Leben sollte endlich vorüber sein.

Aber wie mein Beispiel zeigt, kann es doch anders kommen. Ihr könnt natürlich sagen, dies und jenes kann ich nicht so gut oder mir ist ja viel Schlimmeres passiert oder ich kann ja die einfachsten Dinge nicht. All diese Gedanken und die damit verbundenen Gefühle kenne ich auch. Ihr seid aber alle Menschen, die schon viel zustande gebracht haben. Die für andere wichtig sind, auch wenn ihr dies nicht so wahrnehmt. Nehmt euren Mut zusammen und beginnt mit ganz einfachen Dingen. Lasst euch helfen – es ist eine Krankheit!

Und vor allem ist es eine Gelegenheit, eine Chance für ein neues, glücklicheres Leben!

Ich bin jetzt an einem Punkt angelangt, an dem ich meine Frau, meine Familie und auch meine Freundschaften sehr bewusst wertschätzen kann, da alle auch ihren tiefen Anteil an meinem Leben haben und mir oft eine große Hilfe waren und sind.

In diesem Sinne hoffe ich noch lange
Motorradfahren zu können, viele neue
Menschen kennen zu lernen und vor allem nicht
die Neugier auf das Leben zu verlieren!

Da ist er schon wieder – der Verstand, mein
Ego in Form der Hoffnung! Was ist, wenn dies
alles nicht eintrifft?
Das Leben geht weiter und nur ich kann mein
Empfinden des Lebens steuern.
Also, heißt es immer aufpassen. Der „wilde
Affe" – wie der Verstand in fernöstlichen
Lehren genannt wird - ist auch schlau, er kann
sehr subtil vorgehen !
Wahrscheinlich wird dies das ganze irdische
Leben dauern, aber das muss eben keine Last
sein, sondern eine Aufgabe, die die Neugier auf
das Leben wecken kann.
Ich nehme mir jedenfalls vor, mein Bewusstsein
weiter für das Erkennen des Verhaltens meines
Egos – ich nenne es auch meinen körperlichen
Verstand – zu schulen. Denn ich habe erkannt,
dies kann ich in jedem Moment tun – beim
Meditieren, beim Motorradfahren, sogar beim
Abspülen und dies eröffnet mir immer neue
Perspektiven fürs Leben.
Das klingt jetzt so, als wenn alles ganz einfach
wäre. Ist es im Grunde auch. Aber die
Umsetzung, das Erkennen der subtilen
Methoden des Egos und dann sich richtig (?)
anfühlende Entscheidungen zu treffen, wird für

den Einzelnen immer und gerade am Anfang schwierig bleiben. Gerade die Wahrnehmung ist sehr subjektiv. Macht einfach mal folgendes Experiment, das ich in einer Therapie erfahren habe. Nehmt einfach untereinander bekannte Menschen z.B. euren Freundeskreis. Setzt euch in einer Runde zusammen, jeder bekommt ein Blatt Papier, schreibt seinen Namen drauf und gibt es seinem linken Nachbarn. Dieser soll dann die positiven Eigenschaften von dem, dessen Name auf dem Blatt steht, aufschreiben. Danach gibt er es linksherum weiter, bis es zu dir zurückkehrt. Du wirst dich wundern, wie sehr sich die Wahrnehmung der anderen von dir, von deiner eigenen Einschätzung unterscheidet....und was du all für tolle Eigenschaften hast!

Ich schlafe seit meinem Unfall fast jede Nacht mit Zuckungen ein habe ganz oft schreckliche Träume, die alle in Katastrophen enden. Ich bin dann vollkommen durchgeschwitzt und nach dem Aufstehen beginnt der „wilde Affe" sein Spiel. Alle möglichen Gedanken kreisen in meinem Kopf. Heute kann ich als erstes dies erkennen und fühle meine Angespanntheit. Es dauert dann meist eine Zeit, bis ich das Ablegen kann, denn der „schlaue Affe" kehrt unbewusst immer wieder zurück – aber heute gewinne ich meistens!

Auf der anderen Seite bin ich meinem Verstand auch sehr dankbar, dass er mir auf auch dabei hilft, meine Verhaltensweisen als eben nur seine Konzepte zu erkennen. Auch dies ist eines dieser scheinbar so verwirrenden und Gegensätze. Aber wie in vielen Dingen, kann es eben ohne das eine, auch das andere nicht geben – Yin und Yang. Man kann das Leben sowie das ganze Universum als nicht vorhersehbares Chaos im negativen Sinne sehen, aber für mich stellt es sich immer mehr als wunderbare, immer wieder überraschende - vielleicht auch „göttliche" Vielfalt heraus. Dazu hatte ich auch ein für mich ganz erstaunliches Erlebnis. Ich machte mit meiner Mutter und deren Cousine einen Ausflug und ich spürte schon länger, dass sich die Cousine für Spiritualität interessierte. Sie fragte nach dem Sinn ihrer Träume, die oft von Jahrzehnte zurückliegenden Ereignissen handelten. Besonders der immer während Streit mit ihrer Schwester beschäftigte sie sehr. Eigentlich, sagte sie, habe sie jetzt nach dem Verlust ihres Ehemannes vor ein paar Jahren, einen Zustand gefunden, mit dem sie gut leben kann. Sie will auch einfach mit ihrer Schwester nichts mehr zu tun haben. Ich spürte dabei die aufkommenden Gefühle von Wut und Ärger. Sie fragte mich, was ich dazu meine. Mir fiel dann folgender Satz ein, der mich auch etwas erstaunte, da er eigentlich sehr viel ausdrückte, was ich empfand.

„Wenn du von deiner Schwester mit einem Lächeln erzählen kannst, dann hast du die Sache überwunden und kannst dich frei entscheiden". Sie senkte die Augenlieder, als wenn sie in sich schauen würde und sagte „…..dann würde ich mich wie Gott fühlen". Ich fand und finde diesen Satz vollkommen irre - in Form von einfach erstaunlich und wunderbar. Eine fast achtzigjährige Frau spürte wie ich den wahren Inhalt von allen spirituellen Lehren und Religionen.
Das zeigte mir wiederum, dass man in allen Lebenslagen und –zeiten diese Erfahrungen machen kann…und weckt wieder die Neugier, was noch alles passieren kann.

Zum spirituellen Weg möchte ich noch ein paar Erfahrungen und Gedanken anmerken.
Ich habe in dieser Richtung speziell den Weg, den Buddha aufgezeigt hat und für den es mittlerweile so viele Varianten gibt, die wohl nicht alle im Sinne Buddhas sind, gewählt. In meinen Augen ist es auch nicht so wichtig, welchen Weg man geht, aber sobald einem die gedankliche Freiheit genommen wird und auch noch zu genau vorgeschrieben wird, wie man sich zu verhalten hat, sollte man hellhörig werden.
Ich spüre mittlerweile das immer wieder wunderschöne Gefühl, auch in noch so kleinen Dingen sich frei zu entscheiden. Oft kommen

dann auch neue Möglichkeiten und Ideen dazu –
immer öfter kommt der Gedanke – dies ist
göttlich, das Gehen dieses Weges ist die
eigentliche Erleuchtung.
…und wieder kommen beim Schreiben dieser
Zeilen Zweifel, ob das alles nicht zu
hochtrabend, Selbstüberschätzung und
Besserwisserei ist.
Aber ich spüre …es ist richtig… und das Ego ist
wie gesagt ein listiger Begleiter.

Dank

Mein Dank gilt...

Frau Gall-Kleebach - mit ihrer herzerfrischen-
den Art,
Anila - die für mich einen Ort der Spiritualität
geschaffen hat,
Alfons – der mir eine spirituelle Art des Taiji
als Bewegungskunst lehrt
Gerd – der für mich ein „seelenverwandter
Krieger" ist,
Ilse Bill – mit ihrer ansteckenden Fröhlichkeit,
meinen Freunden, meinen Arbeitskollegen, allen
Leuten, die mich in meinem Leben und in
meiner schweren Zeit der Depression begleitet
haben und zu guter Letzt meiner Manuela – und
dies ist keine Wertung, denn bewerten tut nur
das Ego.
Sie hat mir durch ihre gegensätzliche Art, aber
im Grunde doch das Gleiche suchende Haltung
und vor allem unserem gleichem Empfinden für
Humor viel Freude, aber auch viele
Gelegenheiten gegeben zu lernen, wie man auf
Auseinandersetzungen reagieren kann und
dadurch öffnet sie mir immer mehr die Augen
für meine Reaktionen, als Teil der
verschiedensten Möglichkeiten mit dem Leben
bewusst umzugehen und letztendlich frei zu
sein.